Wild, sensibel und voller Energie

Gefühlsstarke Kinder – Einfach umsetzbare Methoden für mehr Leichtigkeit im Alltag

Beziehung stärken
Bedürfnisse verstehen
Konflikte lösen

Auflage 2023 Januar
ISBN: 978 3982512525

Koriander Medien

Email: dwerner@buch-autoren.de
Impressum:
D.Werner
c/o Werneburg Internet Marketing
und Publikations-Service
Philipp-Kühner-Straße 2
99817 Eisenach
Gestaltung: M. M. Photography
Bilder:Pixabey.com Photography

D. Werner

Wild, sensibel und

voller Energie

Gefühlsstarke Kinder –
Einfach umsetzbare Methoden
für mehr Leichtigkeit im Alltag

Beziehung stärken
Bedürfnisse verstehen
Konflikte lösen

Inhaltsverzeichnis

Vorwort

Liebe Eltern!

Wenn Sie dieses Buch gekauft haben, haben Sie wahrscheinlich ein aufgewecktes Bürschchen oder eine wilde Maus zuhause und fühlen sich manchmal am Ende Ihrer Kräfte. In diesem Buch geht es um Kinder, die ihre Gefühle in aller Deutlichkeit äußern. Es geht um Kinder, die sich nicht die Butter vom Brot nehmen lassen. Diese Kinder können nicht übersehen oder ignoriert werden. Sie machen sich lautstark bemerkbar. Sie stehen für ihre Bedürfnisse ein und ergreifen ihre Chance auf Beachtung mit beiden Händen. Wir sprechen von den sogenannten gefühlsstarken Kindern.

Dieser Begriff bezeichnet kleine Wunderwerke der Power und Natürlichkeit. Er besteht aus zwei Komponenten: **Gefühl und Stärke.**

Herzlichen Glückwunsch, liebe Eltern. Sie haben ein Energiebündel, das in dieser Welt sicher nicht untergehen wird. Doch wie alles im Leben haben auch die beiden Stärken Emotionalität und Stärke ihre Schattenseiten.

Gefühlsstarke Kinder sind:

- anstrengend
- anspruchsvoll
- munter
- laut
- selbstbewusst
- stark

In einem durchschnittlichen Alltag können sie ihre Eltern überfordern und schier zur Weißglut treiben oder in tiefe Verzweiflung. Wenn der berufliche Alltag neben Hausarbeit, Hobbys und Partnerschaft schon genug fordert, können gefühlsstarke Kinder ihre Eltern weit über die Grenze der Belastbarkeit bringen. Sie laufen nicht einfach nebenher. Es scheint, als hätten sie zu allem eine eigene Meinung. Sie wollen immer genau das, was die Eltern gerade nicht wollen. Sie behaupten sich und nehmen kein Blatt vor den Mund. Dabei sind sie nicht nur zuhause so powerful. Auch aus dem

Kindergarten oder der Schule können Klagen kommen. Sie verhalten sich mitunter aggressiv und passen sich nicht gern an.

Mein Kind hat von allem mehr als ich verkrafte

Ein gefühlsstarkes Kind hat von allem sehr viel. Es hat sehr viel Wut in sich. Diese Wut ist nicht durch gutes Zureden oder durch kleine Ablenkungen aufzulösen. Ein gefühlsstarkes Kind wütet so lange, bis es fertig ist. In einer anderen Situation zeigt es seine Freude überdeutlich. Es kann sich nämlich auch viel mehr freuen als es normal scheint. Es ist sensibel. Es nimmt Stimmungen wahr, bevor andere wissen, um was es geht. Es kennt seine Eltern gut und nutzt diesen Vorteil zu seinen Gunsten.

Diese Kinder scheinen immer schneller, lauter, anstrengender zu sein als die sogenannten normalen Kinder. Doch was genau ist ein normales Kind? Wer hat jemals eine Definition für „Kindheit“ entwickelt, die allgemein gültig ist? Ein Lexikon der Psychologie definiert Kindheit wie folgt:

„Als Kindheit bezeichnet man in der **Entwicklungspsychologie** den Zeitraum von der Geburt bis zur geschlechtlichen Entwicklung (Pubertät), wobei Kindheit mehr ein kultureller, sozialer Begriff als ein biologischer ist. Im engeren Sinne folgt die Kindheit auf das Kleinkindalter (2. und 3. Lebensjahr) und gliedert sich in:

- **frühe Kindheit,** die Altersspanne vom beginnenden 4. bis zum vollendeten 6. Lebensjahr,
- **mittlere Kindheit,** die Altersspanne vom beginnenden 7. bis zum vollendeten 10. Lebensjahr,
- **späte Kindheit,** die Altersspanne vom beginnenden 11. bis zum vollendeten 14. Lebensjahr.“

(Quelle: https://lexikon.stangl.eu/11307/kindheit/)

Hier ist nichts zu finden darüber, wie sich ein junger Mensch verhalten muss, um normal zu sein. Sehen wir weiter und versuchen, eine Definition für „Kind“ zu finden. Nach der UN-Kinderrechtskonvention ist ein Kind ein Mensch, der das 18. Lebensjahr noch nicht vollendet hat[1]. Diesen Definitionen ist zu entnehmen, dass es keine Definition dafür gibt, was ein Kind ist.

Daraus folgt, dass es keine normalen, richtigen oder guten Kinder gibt. Es gibt demnach auch keine unnormalen, falschen oder schlechten Kinder. Ein Kind ist wie es ist und es ist immer perfekt. Vielleicht kann es den Erwartungen der Gesellschaft nicht entsprechen oder es ist nicht wie die Mehrheit der anderen Kinder. Das ist jedoch vollkommen irrelevant, solange Eltern und Erwachsene generell bereit sind, in Kindern menschliche Lebewesen mit einem Recht auf Individualität und Persönlichkeit zu sehen.

Kinder sind keine Roboter und können daher auch nicht programmiert werden. In einer Gesellschaft, in

---

[1] https://www.kinderrechtskonvention.info/kind-3401/

der Menschen Beziehungen mit Plastikpuppen eingehen oder sich selbst heiraten, ist die Lebendigkeit eingeschränkt. Die Toleranz gegenüber unerwartetem Verhalten nimmt ab. Es gibt bereits Hotels, die mit dem Begriff „kinderfrei" werben. Felltiere werden so gezüchtet, dass die nicht haaren können und Hunde werden irgendwann das Bellen verlernen. Wir sind schon längst in einer schönen neuen Welt angekommen. Das nächste Level heißt „steril, keimfrei und bewegungslos".

Ein wesentlicher Faktor bei der Betrachtung des eigenen oder fremden Kindes ist die Natur. Menschen sind Säugetiere. Das bedeutet, dass sie Produkte einer ungenormten, vielfältigen und unberechenbaren natürlichen Ordnung sind. In der Natur hat jedes Geschöpf einen Platz. Es gibt in der Natur keine Wertungen wie „gut" oder „böse". Ein sehr aufgewecktes, zorniges Kind kann eine stille Familie in Schwung bringen. Zorn ist nicht „böse". Wut und Zorn sind Grundgefühle, die in der Natur lebenswichtige Funktionen erfüllen. Zorn hilft dabei, sich gegen schädigende Einflüsse zu wehren und zu verschließen. Vielleicht wäre es für viele Menschen gut, zornig zu werden. Kinder sind noch nicht vollständig sozialisiert. Erwachsene können ihren Ärger herunterschlucken. Das ist nicht gesund. Es können Krankheiten entstehen, wenn Wut unterdrückt wird. Wollen wir das wirklich für unsere Kinder?

Woher nimmt mein Kind die Kraft?

Kinder, die als gefühlsstark eingeschätzt werden, scheinen eine nie enden wollende Energiequelle entdeckt zu haben. Sie sind selten müde und schlafen insgesamt weniger als ihre Altersgenossen. Sie halten ihre Eltern von morgens bis abends auf Trab. Während andere Eltern sich tagsüber kleine Pausen gönnen können, sind Eltern von gefühlsstarken Kindern oft übermüdet. Ihnen fehlen schlicht Ruhe und Schlaf.

Kraft hat etwas mit Motivation zu tun. In unserer Gesellschaft zählen Kraft und Stärke nur noch auf dem Sportplatz. Im Leben werden sie kaum noch gefordert. Ein Kind darf auf dem Fußballfeld oder beim Boxen seine Power zeigen. Im Leben sitzt es Tag für Tag vor dem Computerspiel und erwirbt sich Konzentrationsschwächen und Haltungsschäden. Das ist nicht passend für ein menschliches Kind.

Ihr Kind setzt letztlich die richtigen Prioritäten. Es kämpft nicht um Pokale, es kämpft für sich selbst. Sehen Sie in Ihrem Kind einen Kämpfer in eigener Sache. Vielleicht können Sie dann sogar sehr stolz auf Ihren starken Sprössling sein. Das heißt natürlich nicht, dass Sie Ihr Kind ermutigen sollen, sich unsozial zu verhalten. Erziehung ist auch für ein gefühlsstarkes Kind von großer Bedeutung. Sehen Sie die Kraft, die Sie in Ihrem Kind erkennen, als eine positive Art, sein eigenes Leben wichtig zu nehmen. Vielleicht ist Ihr Kind ja viel normaler als andere Kinder? Denken Sie einmal in einer ruhigen Minute darüber nach.

Ein starkes Kind braucht Anforderungen. Der Computer ist der falsche Umgang. Wenn starke Gefühle mit intensiver Motivation zusammenhängen, sind Ziele und Aufgaben sehr wichtig. Eltern sollten sich die Mühe machen, nach Herausforderungen zu suchen. Die Volkshochschulen, Musikschulen und Kirchen sind ebenso mögliche Anbieter wie etwa Umweltschutzverbände. Kinder finden Zugehörigkeit und können sich gemeinsam mit Gleichaltrigen für eine gute Sache einsetzen. Das kann helfen, Spannungen abzubauen und die eigene Kraft in sinnvolle Bahnen zu lenken. Es ist aber auch möglich, dass das Kind musische Begabungen hat. In unserer Kultur werden sie häufig übersehen, weil ihnen keine wirtschaftliche Bedeutung beigemessen wird. Oft entlädt sich kreative Kraft über Wut, wenn sie unterdrückt wird. Bildende Kunst, Tanz, Ballett, Theater oder Gesang könnten ein Ventil sein.

Gefühlsstarke Kinder erkennen – das zeichnet sie aus

Wer das Gefühl hat, sein Kind gehöre zu den gefühlsstarken Kindern im Sinne dieses Buches, kann an den folgenden Merkmalen überprüfen, ob er mit seiner Vermutung richtig liegt.

Die folgenden 6 Kennzeichen werden von den meisten Experten genannt, wenn sie über gefühlsstarke Kinder sprechen:

- Sie erleben Gefühle sehr intensiv. Im ersten Moment zu Tode betrübt und dann wieder himmelhochjauchzend ist ganz typisch für sie. Sie wechseln zwischen Weinen und Lachen so schnell ab, dass die Erwachsenen den Wechsel manchmal gar nicht bemerken. Ihre Gefühle bestimmen ihre Handlungen und Reaktionen in ganz besonderem Maße.
- Gefühlsstarke Kinder sind nicht nur ausdauernd, sie wirken sogar stur und starsinnig, wenn sie ihre eigenen Vorstellungen durchsetzen wollen. Das kann sich positiv auf die Schule und das Lernen auswirken. Es kann negative Folgen haben, wenn sie sich etwas in den Kopf gesetzt haben, was nicht zu verwirklichen ist.
- Als Grundlage und Ursache für die starke Emotionalität der betreffenden Kinder dient die große Sensibilität. Sie nehmen schneller und mehr wahr und sind daher oft überreizt. Babys zum Beispiel finden nicht in den Schlaf, solange sie das Gefühl haben, etwas zu verpassen. Sie machen sich, bedingt durch ihre sehr gute Wahrnehmung, viele Gedanken und können so großen Kummer erleben und ins Grübeln

geraten. Sie sind sehr offen für ihre Umwelt und nehmen emotional intensiv Anteil.

- Gefühlsstarke Kinder sind sehr häufig durch einen erhöhten Bewegungsdrang gekennzeichnet. Sie toben gern und sitzen ungern still. Sie brauchen wenig Schlaf und verfügen über mehr Energie als andere Kinder.
- Kindern mit einer besonders starken emotionalen Aktivität mögen keine Wechsel von Bezugspersonen. Sie fühlen sich beim gewohnten Gegenüber sicherer und besser aufgehoben.
- Gefühlsstarke Kinder können nicht nur Freude und Aggression besonders deutlich zeigen. Sie empfinden auch Trauer und Not intensiver bzw. zeigen die betreffenden Gefühle mit einer erhöhten Intensität. Sie sind empathisch und nehmen Gefühle wahr, die in ihrer Umgebung wahrgenommen werden. Ihr Hang zur Philosophie und Grübelei überrascht die Eltern häufig.

Wenn Sie beim Lesen der Merkmale denken, dass hier genau Ihr Kind beschrieben ist, haben Sie wahrscheinlich ein Kind mit einer überdurchschnittlich starken emotionalen Ausrichtung.

Wie Eltern Kinder mit starken Gefühlen erleben

Wenn ein Kind die oben genannten Merkmale aufweist, werden die meisten Eltern ihr Kind als schwierig erleben. Besonders kritisch wird es, wenn andere Kinder im Umfeld als wahre Wunderwerke der guten Erziehung gesehen werden. Dann entwickeln sich schnell Zweifel darüber, ob mit dem eigenen Kind etwas nicht stimmt. Es gibt Eltern, die sich plötzlich für „nicht gut genug" halten und sich wünschen, kein Kind in die Welt gesetzt zu haben. Sie kommen sich klein und hilflos vor. Ihr Selbstbewusstsein kann verletzt werden. Im schlimmsten Fall geraten dicse Eltern in eine Form der sozialen Isolation, weil sie sich mit ihrem Kind nicht mehr in die Gesellschaft wagen. Das sind vollkommen falsche Signale an das eigene Kind. Aus Angst, mit ihrem Kind unangenehm aufzufallen, überlassen sie ihrem Kind die Führung und ordnen den gesamten Tagesablauf ihrem Kind unter.

Trennen Sie die beiden Faktoren:

- Erziehung eines Kindes
- Gefühlsstarkes Kind

Nehmen Sie sich ein paar Minuten Zeit und schreiben Sie die Persönlichkeitsmerkmale Ihres Kindes auf. Ein Beispiel:

Mein Kind ist:

- aggressiv
- ungeduldig
- trotzig
- liebenswert
- tierlieb
- musikalisch

Machen Sie sich bewusst, dass andere Kinder ebenfalls über eine Persönlichkeit verfügen, die Stärken und Schwächen aufweist. Es sind nur andere Stärken und Schwächen. Haben Sie keine Angst. Ermitteln Sie nun, wie Sie sich vorstellen können die jeweiligen Eigenschaften zu beantworten.

In unserem Beispiel sieht das so aus:

Aggression: Ich werde Grenzen setzen und meinem Kind vermitteln, dass es seiner Umgebung rücksichtsvoll begegnen muss.

Ungeduld: Ich werde mein Kind sicher führen und ihm Schritt für Schritt zu mehr Geduld verhelfen.

Trotz: Ich werde den Trotz meines Kindes ignorieren und ihm vermitteln, auf welche Art es besser kommunizieren kann, um mich zu erreichen.

Liebenswert: Ich werde meinem Kind regelmäßig das Feedback geben, dass es liebenswert ist.

Tierliebe: Ich werde meinem Kind die Möglichkeit bieten, seine Liebe zu Tieren auszuleben. Das geschieht über regelmäßige Zoobesuche oder auch durch ein eigenes Haustier.

Musikalität: Musik ist ein großartiges Mittel, um Gefühle auszudrücken. Deshalb werde ich meinem Kind die Gelegenheit bieten, aktiv Musik zu machen.

Ein ganz wichtiger Aspekt aus diesem Kapitel ist der Begriff „Führung“. Nur, weil Ihr Kind stark ist, kann und darf es niemals stärker sein als Sie. Das Ei ist nicht klüger (oder stärker) als die Henne. Die wichtigste Aufgabe, der Sie sich stellen müssen ist, immer einen Punkt mehr Stärke zu zeigen als Ihr Kind. Sie als Mutter oder Vater bestimmen. Sie haben das letzte Wort und Sie sind die Autorität. Die Zeiten, in denen Eltern sich um Kopf und Kragen geredet haben, sind zum Glück vorbei. Ihr Kind darf alles fühlen, was es will. Zeigen Sie ihm, dass Sie seine Gefühle respektieren. ACHTUNG! Respekt bedeutet nicht Gehorsam. „Du bist wütend, weil du deine Gummistiefel nicht anziehen willst. Das kann ich verstehen. Trotzdem ziehst du sie an, denn es ist matschig draußen und ich will nicht, dass du deine neuen Schuhe ruinierst.“ Sagen Sie Ihrem Kind: „Mach diese Aufgabe wütend, aber mach sie.“ Ein Kind wird auf das Leben vorbereitet, wenn es lernt, dass immer Gefühle vorhanden sind. Doch Erwachsene wie Sie und ich wissen, dass wir unsere Pflicht trotz Wut, trotz Angst und auch trotz aller anderen Gefühle erfüllen müssen. Gefühle sind wichtig, um die Bindung zu uns selbst zu festigen. Sie sind keine Manipulationsmittel für unsere Umgebung. Hier ist Kommunikation sehr wichtig.

Nehmen wir an, Ihr Kind sagt: „Ich bin sauer auf dich, weil ich nicht aufräumen will." Die meisten Eltern würden jetzt darüber diskutieren, ob es einen Grund für das Kind gibt, sauer zu sein. Sie würden erklären, dass Aufräumen auch Spaß machen kann usw. Doch diese Kommunikation führt in die falsche Richtung. Es geht um „ICH BIN SAUER." Signalisieren Sie Ihrem Kind, dass Sie es verstanden haben. Dass es OK ist, sauer zu sein. Das dieses Gefühl aber keinen Einfluss auf Sie, die Welt oder wen auch sonst hat. Das Kind hat die Wahl zwischen sauer aufräumen oder entspannt aufräumen. Aufräumen ist nicht verhandelbar. Nur so entsteht die Chance darauf, dass Ihr Kind die Verantwortung für sich selbst zu tragen lernt. Bieten Sie Ihrem Kind ein gutes Vorbild. Wenn Sie sich im Job geärgert haben, erzählen Sie es dem Kind. Erklären Sie, dass Sie jetzt joggen gehen wollen, damit die Wut verraucht. Zeigen Sie Ihrem Kind, was Sie unternehmen, um mit Ihren Gefühlen ins Reine zu kommen. Sehr oft wird zu wenig über Gefühle gesprochen, Kinder sehen dadurch keinen

Zusammenhang zwischen der inneren Emotionalität und der Realität.

Mein Kind ist eine Persönlichkeit wie jede andere auch

Gewöhnen Sie sich nicht an, Ihr Kind als „abnorm“, „gestört“ oder anderweitig negativ zu betrachten. Ihr Kind ist eine Persönlichkeit. In unserer Gesellschaft wird Stärke oft nicht anerkannt. Wenn Ihr Kind einen Wutanfall bekommt, weil es seine Bauklötze nicht teilen will, werden die Eltern der anderen Kinder ihre Nase rümpfen. Sie werden ihre eigenen Kinder als brav, normal und angenehm sehen. Es handelt sich jedoch nur um zwei unterschiedliche Persönlichkeitstypen.

Sehen Sie es einmal ganz anders an: Ihr Kind kann sich verteidigen und lässt sich nichts wegnehmen. Das ist gut, oder? Im Berufsleben wird es diese Fähigkeiten brauchen. Die anderen Kinder dagegen können sich weniger gut beschützen. Sie verstehen nicht, warum sie nicht bekommen, was einem anderen (in diesem Fall Ihrem Kind) gehört. Das sieht auf den ersten Blick so aus, als handle es sich um soziale Kompetenz. Sie könnten es auch als feige oder dreist bezeichnen.

Natürlich ist dieser Gedankengang etwas überspitzt. Es sind nicht alle Kinder feige oder frech, die anders sind als Ihr eigenes Kind.

Bringen Sie Ihre Einstellung zu Ihrem eigenen Kind ins Lot. Kein Kind ist besser oder schlechter. Jedes Kind ist anders. Stehen Sie zu Ihrem Kind. Loyalität und Treue sind wichtige Bedingungen für eine gelingende Beziehung zwischen Eltern und ihren Kindern. Schon das Fehlen von Loyalität kann Wut und Frustration in einem Kind auslösen. Aus diesem Grund ist es wichtig, dass Eltern

- ihr Kind nie vor anderen kritisieren
- nicht schlecht vor Dritten über das Kind sprechen
- ihr Kind nicht auslachen oder verspotten.

Wenn alle Stricken reißen und sich die Welt gegen das Kind zu verschwören scheint, braucht es Eltern, die bedingungslos hinter ihm stehen. Dabei ist zu beachten, dass das Kind die Regeln des sozialen Lebens beherrscht. Es darf wütend sein, jedoch niemanden verletzen. Schaffen Sie Möglichkeiten für Ihr Kind, damit es seine Wut ausleben kann. Wie wäre es mit einem Boxsack, einem Trampolin oder einem Schlagzeug?

Bloß keine Angst - Eltern sind gut genug für ihre Kinder

Eltern und Kinder bilden eine Einheit. Punkt. Eltern und Kinder passen zusammen. Punkt. Lassen Sie sich nicht einreden, Sie seien nicht in der Lage, eine gute Mutter oder ein guter Vater für Ihr eigenes Kind zu sein. Jede Mutter und jeder Vater sind für ihr Kind genau richtig. Perfekte Eltern gibt es genauso wenig wie perfekte Kinder. Das Wichtigste zwischen Eltern und Kindern ist die gegenseitige Wertschätzung.

Elternschaft ist eine menschliche Angelegenheit. Aus diesem Grund werden alle Eltern Stärken und Schwächen haben. Sie werden in der Erziehung Ihres Kindes Fehler machen. Alle Eltern machen Fehler. Auch Ihre Eltern haben Fehler gemacht. Ihr Kind zeigt starke Gefühle und erwartet Hingabe von Ihnen. Wenn Sie nicht das Signal gesetzt hätten, dass Sie für Ihr Kind da sein können, würde Ihr Kind Sie nicht in Anspruch nehmen. Sie kennen vielleicht die schöne Geschichte von dem Jungen, der sein Kälbchen über alles liebte?

Ein kleiner Hirtenjunge verliebte sich in ein kleines Kälbchen, dass zu schwach war, um in der Herde zu bestehen. Er rettete es davor, geschlachtet zu werden, indem er sich seiner annahm. Weil er es vor den anderen Herdentieren beschützen wollte, nahm er es auf seine Schultern und trug es Tag für Tag mit sich herum. Der Junge entwickelte dabei starke Muskeln und wuchs zu einem starken und verantwortungsbewussten Mann heran. Das in der gleichen Zeit aus dem Kälbchen ein Stier wurde, merkte er kaum. Als Erwachsener Mann war er der einzige, der einen ausgewachsenen Stier auf seinen Schultern tragen konnte, ohne dass es ihm Mühe bereitete. „Man wächst mit seinen Aufgaben“ ist in dieser Geschichte auf wunderbare Weise dargestellt. Sie werden an den Aufgaben wachsen, vor die Ihr Kind sie stellt.

Ist mein Kind so geboren oder liegt es an der Erziehung?

Wenn Sie sich fragen, ob mit Ihrem Kind etwas nicht stimmt, seit es geboren ist, dann sind Sie auf dem falschen Weg. Ein starkes Kind, das seine Emotionen wahrnehmen kann, ist nicht mit einer Störung geboren. Es gibt die Theorie, dass Stress in der Schwangerschaft dafür verantwortlich sein soll, dass Kinder gefühlsstark werden. Natürlich spielt die Zeit vor der Geburt eine Rolle für die Entwicklung des Kindes. Trotzdem sollten Sie vorsichtig sein, wenn Sie sich mit der Idee tragen, Ihr Kind könnte einen „Geburtsfehler" haben. Sie stigmatisieren Ihr Kind damit und tun sich selbst keinen Gefallen. Sie können die Zeit nicht zurücknehmen. Nehmen Sie Ihr Kind so, wie es ist. Analyse und Erklärungen helfen weder Ihrem Kind noch Ihnen.

Kommen wir zur Frage der Erziehung. Es gibt verschiedenste Erziehungsstile. Jeder dieser Stile hat Vorteile und Nachteile. Manche Eltern legen sehr viel Wert darauf, die Wahrnehmungskanäle eines Kindes zu schulen. Sie spielen, singen und kuscheln mit ihrem Kind und fördern seine Intelligenz. Damit erhalten sie ein waches und aufmerksames Kind.

Wenn Eltern sich für eine geeignete Form der Frühförderung entscheiden, übersehen sie gern die Kehrseite der Medaille. Wer seinem Kind beibringt, möglichst viel aus seiner Umgebung wahrzunehmen, hat meist die Schule und den späteren beruflichen Erfolg dabei im Kopf. Doch ein Kind lässt sich nicht programmieren. Wer sich ein selbstbewusstes, emotionales und aufmerksames Kind wünscht, kann diese Fähigkeiten nicht einschalten und ausschalten, wie es ihm gefällt.

Wer sich emotionale Intelligenz bei seinem Kind wünscht, es zu einer gesunden Ich-Bestimmung erzieht und ihm Durchsetzungskraft vermittelt, muss auch damit leben können. Kinder werden so, wie ihre Eltern es prägen.

Seien Sie bereit, die Schattenseiten Ihrer guten Absichten zu akzeptieren. Dann werden Sie vielleicht sogar hin und wieder darüber lachen können, wenn Ihr Kind zum vollkommen falschen Moment genau so reagiert, wie Sie es ihm beigebracht haben. Bleiben Sie sich treu. Sie haben das Beste für Ihr Kind gewollt, machen Sie jetzt keinen Rückzieher. Ihr Kind braucht Sie als verlässliche Größe auf seinem Weg zum starken Erwachsenen.

Literatur

Stangl, W. (2019). Stichwort: '*Erziehung | Online Lexikon für Psychologie und Pädagogik'.* Online Lexikon für Psychologie und Pädagogik.

https://lexikon.stangl.eu/1410/erziehung/ (2019-02-19)

Ein Kind ist kein kleiner Erwachsener

Unsere Welt lässt immer weniger Raum für Individualität und Persönlichkeit. Mit dem Begriff „Schwarmintelligenz“ kam eine gesamtgesellschaftliche Uniformierung auf den Plan. Das ist vor allem für Kinder, die von Natur aus neugierig und vital sind, anstrengend und von Nachteil.

Sie werden misstrauisch beäugt, wenn sie sich nicht so benehmen, wie man es von Erwachsenen gewohnt ist. Manchmal könnte man annehmen, Kind sein bedeutet, ein schlechter Erwachsener zu sein. Doch diese Annahme ist tieftraurig. Kindheit ist der eigentlich gesündere Zustand. Nah an sich selbst und am Wunder des Lebens zu stehen, ist kein Fehler und kein Defizit.

Ein Kind kleckert, wirft Stühle um und lässt sich weder einsperren noch blockieren. Es verfolgt in seinen Äußerungen keine Strategie und interessiert sich mehr für seine emotionalen Bedürfnisse als für Umsatz und Rabattcoupons. Wie gut, dass es noch echte Kinder gibt. Wenn Sie einen solchen Schatz zuhause haben, können

Sie stolz sein. Alles, was das Kind von einem Erwachsenen unterschiedet, ist ein Beweis dafür, dass es ein gesundes Kind ist. Nicht unsere Kinder sind gestört, die Gesellschaft ist es.

Gefühle sind gesund

Gefühle entstehen natürlicherweise im limbischen System. Sie können unbewusst entstehen oder bewusst wahrgenommen werden. Gefühle steuern unsere Bedürfnisse, unser soziales Verhalten und unsere Einstellung zu uns selbst und zu unserer Umgebung. Ohne Gefühle hätten wir keine Orientierung darüber, was für uns gut oder schädlich, gefährlich oder ungesund ist.

Insgesamt weisen wir die Fähigkeit zu fünf Grundgefühlen auf. Diese sind:

- Ekel/ Scham
- Angst
- Freude
- Wut
- Trauer.

Jeder Mensch bildet diese Gefühle. Manche Gefühle werden verdrängt, andere werden gern gelebt. So sind Trauer und Wut in unserer Gesellschaft lange Zeit mit Tabus belegt gewesen. Die Art, mit den Gefühlen umzugehen, ist bei jedem Menschen anders. Gefühlsstarke Kinder lassen ihren Gefühlen freien Lauf. Sie steuern die Gefühle nicht, sondern geben sich ihnen widerstandslos hin. Das kann dazu führen, dass sie wütend die Kinderzimmermöbel durch die Gegend schupsen. Oder sie können sich von einer Traurigkeit, die sie erlebt haben, viele Tage nicht erholen. Für die Eltern und die Umgebung ist das sehr aufreibend. Doch wichtig ist, dass nicht die Gefühle das Problem darstellen. „Du musst doch nicht traurig sein“ oder „Sei doch nicht immer so wütend“ sind vollkommen falsche Botschaften an ein Kind. Viel besser ist es, dem Kind zu zeigen, dass Sie seine Gefühle akzeptieren. Erst dann kann das Kind seine Gefühle ebenfalls annehmen und sich nicht mehr ausgeliefert fühlen. Im zweiten Schritt können Sie Ihrem Kind vermitteln, wie es seine Gefühle so zeigen kann, dass es dabei niemanden verletzt oder stört.

Ekel / Scham:

Ekel und Scham sind schwierige Gefühle. Sie verleiten dazu, sich zurückzuziehen und sich zu isolieren. Das kennen Sie als Erwachsener sicher gut. Respektieren Sie diese Gefühle beim Kind. Wenn es sich schämt, im Bademantel aus dem Zimmer zu kommen, zwingen Sie es nicht. Lachen Sie es auch nicht dafür aus und spielen Sie seine Scham nicht als albern oder kindisch herunter. Jeder Mensch entwickelt ein individuelles Schamgefühl. Meist verstehen andere Mitmenschen die Gründe dafür nicht. Das müssen sie auch nicht. Scham erfordert Akzeptanz, nicht Verständnis.

Ebenso verhält es sich mit Ekel. Die Natur hat uns diese Fähigkeit gegeben, damit wir nichts essen, was nicht gut für uns ist. Beachten Sie die Ekelgrenze Ihres Kindes, auch wenn sie Ihnen falsch erscheint. Ein Kind wird auch groß, wenn es keinen Rosenkohl und kein Sauerkraut isst.

Die Fähigkeit, Ekel und Scham zu empfinden wirkt wie ein Frühwarnsystem. Da der Mensch immer versucht ist, ungute Gefühle zu vermeiden, geht er Menschen, Situationen und Substanzen sowie Gegenständen aus dem Weg, die ihm Ekel oder Schamgefühle verursachen. Wenn andere in dieses Gefühl eingreifen, berauben sie das Kind seiner natürlichen Schutzfunktion. Niemand kann einem Menschen beibringen, was eklig oder peinlich ist. Hier handelt es sich um eine ganz persönliche Einstellung, die jedes Individuum mit sich selbst ausmachen muss.

Was Ihnen vollkommen normal vorkommt, kann Ihrem Kind peinlich sein. Was Sie niedlich finden, kann in Ihrem Kind Ekel hervorrufen. Wenn Sie Ihr Kind hinsichtlich dieses Grundgefühl verändern wollen, verbiegen Sie es.

Angst:

Wenn ein gefühlsstarkes Kind Angst hat, kann das fast zu einer Panik werden. Es kann zittern und weinen und sich hilflos hinter dem Erwachsenen verstecken. Dabei entwickelt es unter Umständen so große körperliche Kräfte, dass es kaum zu bändigen scheint. Es kann vorkommen, dass ein Kind sich weigert, in seinem eigenen Bett zu schlafen, weil es Angst hat, dass ein grüner Elefant unter seinem Bett liegt.

Zuerst einmal ist wichtig zu verstehen, dass alle Kinder im Laufe ihrer Entwicklung Ängste erleben. So sind die imaginären Ängste vor Gespenstern und Monstern typisch für ein Kind, wenn es in die Schule kommt. Sie können dieser Angst nur begegnen, indem Sie sich damit befassen. Lassen Sie Ihr Kind die Monster malen. Geben Sie ihnen Namen und erfinden Sie gemeinsam mit Ihrem Kind Geschichten. Das Ende einer Geschichte sollte sein, dass das Kind das Monster aus dem Haus treibt oder ihm auf andere Art überlegen ist. Versuchen Sie unter gar keinen Umständen, Ihrem Kind die Angst auszureden. Es wird Ihnen nicht glauben, wenn Sie behaupten, dass Elefanten nicht unter sein Bett passen. Angst ist ein Gefühl, keine Dummheit. Nehmen Sie die Angst des Kindes in Ihren Alltag auf. Je mehr Sie zulassen, dass Ihr Kind seine Angst zeigt, umso eher verschwindet sie wieder. Lassen Sie die Angst bei sich einziehen. Sie können Sie nicht leugnen. Wenn Sie sich er Angst Ihres Kindes mit ihm gemeinsam stellen, stärken Sie die Bindung zwischen sich und Ihrem Kind und zeigen sich seines Vertrauens würdig.

Freude:

Freude scheint das Lieblingsgefühl der meisten Menschen zu sein. Selbstverständlich ist Freude wichtig. Sie motiviert, gibt Kraft und lässt die Immunabwehr stärker werden. Trotzdem ist Freude allein nicht ausreichend. Die Grundgefühle haben alle eine Berechtigung in unserem Leben. Wenn sich ein gefühlsstarkes Kind freut, ist das meist überschwänglich und kann von starker körperlicher Aktivität begleitet sein. Fallerie – Fallera – Fallerhopsasa!

Ein gefühlsstarkes Kind freut sich laut und lange. Freuen Sie sich zuerst zusammen mit dem Kind. Geteilte Freude schafft Vertrauen. Wenn Ihnen der Freudentaumel Ihres Kindes zu intensiv wird und die Nachbarn bereits an die Wände klopfen, zeigen Sie

Ihrem Kind, dass man Freude auf ganz viele Wege ausdrücken kann. Einer der drei folgenden Wege wird vielleicht auch Ihrem Kind zusagen.

1. Dankbarkeit zeigen

Erklären Sie Ihrem Kind, dass es für die Ursache seiner Freude dankbar sein sollte. Nichts ist selbstverständlich. Lassen Sie Ihr Kind ein Bild malen. Dieses Kind kann es dem Verursacher der Freude schenken. Wenn es keinen Verursacher gibt, kann das Bild ins Kinderzimmer an die „Dankbarkeits-Pinnwand“.

2. Freude weitergeben

Wenn Sie der Meinung sind, Ihr Kind hätte sich nun ausreichend allein gefreut, machen Sie ihm den Vorschlag, Freude zu schenken. Es könnte das Zimmer des kleinen Bruders aufräumen oder für den Vater die Blumen gießen. Bringen Sie ihm bei, die eigene Freude weiterzugeben. So lernt es, dass Gefühle auch für andere Menschen eingesetzt werden können.

3. Ein Freudetagebuch führen

Kreativität bremst einen Gefühlssturm häufig aus. Wenn Ihr Kind seine Freude in ein Tagebuch malt oder schreibt, wird es ruhig werden und kann die Freude rational einordnen. Dieses Tagebuch sollten Sie zur Hand haben, wenn das Kind in Traurigkeit versinkt und denkt, es würde nie wieder lachen können.

Wut:

Wut ist ein starkes Gefühl. Es ist ein Gewitter, das die Luft reinigt. Wenn ein gefühlsstarkes Kind wütend wird, haben manche Eltern den Wunsch, sich in Sicherheit zu bringen. Wut muss erlaubt werden. Zeigen Sie Ihrem Kind, dass sie seine Wut akzeptieren können. Helfen Sie ihm, die Wut in Worte zu fassen, indem Sie Fragen stellen. Wenn Ihr Kind Ihnen den Grund für seine Wut genannt hat, gehen Sie in ein Lösungsgespräch.

Was kannst du dagegen tun? Kann ich dir helfen, die Situation, die dich wütend macht, zu verändern? Helfen Sie Ihrem Kind, seine Stärke so einzusetzen, dass es eine Verbesserung spüren kann. Außerdem sollten Sie bei körperlich geäußerter Wut deutlich machen, dass es Grenzen gibt. Diese Grenzen gilt es zu akzeptieren.

Trauer:

Trauer tut weh und macht hilflos. Sogar Erwachsene haben oft große Probleme mit der Bewältigung von Trauer. Hier gibt es viele Kinderbücher, die Sie mit Ihrem Kind lesen können. Gehen Sie mit Trauer bei Ihrem Kind ähnlich um wie mit Wut. Sprechen sie mit dem Kind und zeigen Sie die Grenzen der Trauer auf. Tagelanges Weinen und nichts essen sind keine Methoden der Trauer.

Ein gefühlsstarkes Kind darf nicht mit seinen Gefühlen allein gelassen werden. Das gilt übrigens für jeden Menschen. Es gibt zahlreiche Möglichkeiten, Gefühle zu thematisieren. Ihr gefühlsstarkes Kind braucht eine intensive Unterstützung dabei, Gefühle zu verstehen und angemessen zu äußern. Nutzen Sie jede Gelegenheit, sich mit Ihrem Kind zu beschäftigen und dabei Gefühle ins Spiel zu bringen. Sie können Smileys als Sticker kaufen und Ihrem Kind schenken. Sprechen Sie über die Mimik der gelben Klebepunkte.

Basteln Sie ein Stimmungsbrett. Hier kann Ihr Kind morgens und abends mit einem Smiley darstellen, wie es sich fühlt. So nimmt es wahr, dass sich Gefühle verändern. Schildern Sie Ihre Gefühle, aber nie im Zusammenhang mit seinem Verhalten. Nicht „Du hast mich wütend gemacht“, sondern „Ich bin traurig, weil es regnet“ oder „Mein Kunde macht mich wütend“.

Erwachsene denken häufig, dass es ein Zeichen von Schwäche sei, Gefühle zu zeigen. Ihrem Kind werden Sie als Heldin oder als Held vorkommen, wenn Sie sich trauen, Ihre Gefühle zu benennen. So entwickelt Ihr Kind Vertrauen und es entsteht eine ganz neue Qualität der Nähe zwischen Ihnen.

Erziehung ist erlaubt

Wenn Sie ein gefühlsstarkes Kind haben, hat das streng genommen keinen Einfluss auf Ihre Erziehung. Es hat zwar Einfluss darauf, wie Ihr Kind reagiert, Sie selbst sollten jedoch nicht das Rad neu erfinden. Jeder Kulturkreis hat eine andere Auffassung davon, wie ein Kind erzogen werden sollte. Nicht nur die elterlichen Auffassungen spielen eine wichtige Rolle. In jeder Gesellschaft herrscht eine gewisse Grundhaltung darüber, wie ein Kind erzogen werden sollte.

Die meisten Experten sind sich darüber einig, dass Erziehung die Vermittlung von Werten ist. Damit sind soziale, kulturelle und gesellschaftliche Werte gemeint. Auch ein gefühlsstarkes Kind kann diese Werte verinnerlichen.

Dabei geht es bei der Erziehung immer darum, das Verhalten des Kindes in eine gewünschte Richtung zu lenken. Dabei kann ein Interessenskonflikt entstehen. Die Bedürfnisse des Kindes stimmen nicht immer mit dem Wertekatalog der Erwachsenen überein. Doch ein Kind muss nicht alles lernen. Denken Sie an die Zeiten, zu denen Kinder noch einen Knicks machen mussten. Wie unsinnig manche Werte sind, entscheiden Sie selbst.

Sie dürfen Ihr Kind innerhalb eines Spielraums selbst erziehen – und zwar nach Ihren eigenen Werten. Der größte Teil der Erziehung geschieht über die Vorbildfunktion der Eltern. Führen Sie das Leben, das Sie sich für Ihre Kinder wünschen. Damit legen Sie einen guten Grundstein dafür, dass Ihre Erziehung fruchtet.

Das wichtigste Detail in der Erziehung ist das Lob. Loben Sie Ihr Kind, wenn es etwas besonders gut gemacht hat. So verstärken Sie das positive Verhalten. Über Fehlverhalten dagegen sollten Sie sich nicht aufregen. Sie bringen Ihrem Kind sonst bei, dass es Sie provozieren und damit steuern kann. Wenn ein Kind lernt, womit es seine Eltern auf die Palme bringen kann, bekommt es zu viel Macht über die Erwachsenen.

Vermitteln Sie ihm, dass sein Verhalten falsch ist und Sie erwarten, dass es abgestellt wird. Folgt das Kind Ihrer Aufforderung, loben Sie es. So erhält das Kind die Sicherheit, dass es sich verändern kann und dass positive Veränderung sich lohnt.

Persönlichkeit ist das oberste Ziel

Mit Persönlichkeit wird die Wesensart eines Menschen bezeichnet. Es gibt verschiedenste Persönlichkeiten. Diese Vielfalt ist notwendig, damit menschliche Gemeinschaften sich entwickeln können. In der Antike teilte man Menschen in vier Gruppen ein. Es gab die Choleriker, die Sanguiniker, die Phlegmatiker und die Melancholiker. Man sprach von Temperament oder von Charakter.

Heute wird einer Persönlichkeit meist mehr als nur ein Begriff zugeordnet und die Facetten sind zahlreicher als früher. Das bekannteste Modell für die Definition einer individuellen Persönlichkeit ist das so genannte Modell der Big Five. Hier geht es nicht um die größten Tiere in Afrika, sondern um die wichtigsten Merkmale, die eine Persönlichkeit ausmachen können. Das Modell nennt die folgenden Eigenschaften:

1. Offenheit für neue Erfahrungen

Aufgeschlossene Menschen lassen sich auf neue Situationen und Kontakte besonders leicht ein.

2. Gewissenhaftigkeit, Gründlichkeit

Diese Komponente beinhaltet Pflichtbewusstsein und Konzentration.

3. Extravertiertheit

Hier sind die Fähigkeiten enthalten, die einen Menschen dazu befähigen, über sich selbst und seine Gefühle zu sprechen und seine eigenen Auffassungen darzustellen.

4. Verträglichkeit

Das soziale Verhalten und die Fähigkeit zur Empathie und Rücksichtnahme werden hier eingeordnet.

5. Neurotizismus

Emotionale Labilität, gefühlsbetonte Bewältigung von Situationen und die deutliche Darstellung der eigenen Gefühle gehören zu diesem Aspekt.

Es gibt keine guten oder schlechten Persönlichkeiten. Jeder Mensch verfügt in unterschiedlicher Ausprägung über jeden dieser Anteile. Ein gefühlsstarkes Kind zeigt sicher einen deutlichen Anteil Neurotizismus. Hinzukommen aber auch die vier anderen Bestandteile seiner Persönlichkeit. Es ist keine Frage der Wertung.

Eltern von gefühlsstarken Kindern sollten sich bemühen, die vier anderen Komponenten zu fördern und zu stärken. Es ist nicht hilfreich, sich auf den

Bereich zu konzentrieren, der zu Störungen mit der Umgebung führen kann. Viel besser ist es, Verträglichkeit und Gründlichkeit zu fördern. Es gilt auch in der Erziehung der Grundsatz: *„Worauf ich meine Aufmerksamkeit richte, das wächst."*

Starke Kinder brauchen starke Eltern

Je fordernder und anspruchsvoller ein Kind der Welt gegenüber auftritt, umso mehr Kraft wird von den Eltern erwartet. Diese Kraft ist nicht nur notwendig, um sich dem Kind gegenüber unter Umständen durchzusetzen. Eltern von gefühlsstarken Kindern brauchen auch Kraft, um ihr Kind vor einer destruktiven Umgebung zu beschützen. Außerdem müssen dem Kind immer wieder neue Anforderungen gesucht werden, denn ein Kind, dass hinsichtlich seiner Wahrnehmung und Gefühle gut aufgestellt ist, langweilt sich schnell.

Langeweile ist für ein gefühlsstarkes Kind ein schwer zu ertragendem Zustand. Als Mutter oder Vater eines Kindes, das seiner Umgebung mit starken Emotionen begegnet, brauchen Sie also Kraft auf den verschiedensten Schauplätzen:

1. Das Kind will trotz seiner Besonderheit eine ganz normale Erziehung erfahren.
2. Das Kind muss vor einer Stigmatisierung in der Gesellschaft geschützt werden.

3. Die Eltern wollen sowohl Freiräume für sich bewahren als auch ihren Pflichten dem Kind gegenüber gerecht werden.

Sie sind stärker als sie denken

Sie schaffen das! Wenn Sie daran zweifeln, ob Sie Ihrem Kind gewachsen sind, dann haben Sie zu wenig Zutrauen zu sich selbst. Listen Sie alles auf, was Ihnen im Laufe Ihres Lebens gelungen ist. Sie haben einmal laufen gelernt, einen Schulabschluss gemacht und einen großartigen Menschen dazu gebracht, sich in Sie zu verlieben. Wahrscheinlich haben Sie berufliche und soziale Erfolge erzielen können. Halten Sie sich vor Augen, wie schwer Ihnen die einzelnen Aufgaben erschienen, bevor Sie sie bewältigt haben. Sie sind kein Schwächling. Mit der richtigen Strategie und gut durchdachten Lösungsschritten werden Sie auch eine gute Mutter oder ein guter Vater für Ihr Kind sein, wenn Ihnen einmal wieder alles über den Kopf wächst.

Räumen Sie Ihr Umfeld auf. Behalten Sie nur die Menschen in Ihrem Kontaktkreis, die an Sie glauben. Sie brauchen niemanden, der sie herunterzieht, wenn Sie ein Kind haben, dass täglich die Stärke seiner Eltern abverlangt.

Es ist IHR Kind

Lassen Sie sich nicht verunsichern. Gut gemeinte Ratschläge und abfällige Kommentare darüber, wie sich ein Kind verhält, sind keine Seltenheit. In einer Welt, in der immer weniger Kinder auf den Straßen zu sehen sind und viele sich lieber einen Hund zulegen als ein Kind zu bekommen, sind viele Zeitgenossen sehr intolerant.

Besonders schlimm ist, wenn Sie zu hören bekommen, dass jeder andere Ihr Kind besser erziehen könnte als Sie selbst. Wehren Sie sich. Ihr Kind ist Ihr Kind. Niemand kennt es so gut wie Sie. Niemand verbringt so viel Zeit mit Ihrem Kind wie Sie. Kein anderer Mensch kennt seine Geschichte.

Verbitten Sie sich jede Form von ungebetener Einmischung. Wenn Sie der Auffassung sind, Hilfe bei der Erziehung Ihres Kindes zu brauchen, steht Ihnen eine kostenlose und anonyme Erziehungsberatung zu. Auch andere Eltern können oft wertvolle Tipps geben, ohne dass sie Ihnen ein schlechtes Gefühl vermitteln.

Wenn Sie Ihr eigenes Kind annehmen, wird es Ihnen leichter gelingen, sich selbst in Ihrer Vaterrolle oder in Ihrer Mutterrolle annehmen zu können. Lassen Sie keinen Keil zwischen sich und Ihr Kind treiben. Es ist ein Teil von Ihnen. Wer Ihr Kind als Defizit darstellt oder behandelt, sieht gleichzeitig Sie als eine defizitäre Person an. Das haben Sie nicht nötig. Zeigen Sie sich als Löwe, wenn es darum geht, Ihr Kind zu beschützen.

Sorgen Sie für sich selbst

Elternschaft ist immer und grundsätzlich eine Herausforderung. Das gilt nicht nur für Eltern von gefühlsstarken Kindern. Auch Eltern, die ein schüchternes Kind haben, sind stark gefordert. Eltern von Kindern mit Allergien oder einer Legasthenie stehen vor einer besonderen Herausforderung. Manche Kinder sind organisch krank, andere sind auf die eine oder andere Art behindert. In jedem Fall dürfen Mütter und Väter nicht vergessen, dass sie nicht für ihr Kind, sondern auch für sich selbst die Verantwortung tragen.

Das bedeutet, Eltern brauchen neben regelmäßiger Nahrung und ausreichend Schlaf auch Ruhezeiten, Spaß, Zeit für Hobbys und Freunde. Neben einem Beruf, dem heute fast jeder Erwachsene in Deutschland nachgeht, ist das eine ziemlich starke Aufgabe. Hier hilft nur ein gutes und konsequentes Zeitmanagement.

Wenn Sie zu zweit sind, sollten Sie sich zusammensetzen und Ihre zeitlichen Pläne gemeinsam entwickeln. Schreiben Sie in eine Spalte alles, was Sie schaffen müssen. Dazu gehören die Arbeit, die Kinderbetreuung, Ihre gemeinsame Zeit für Sie als Liebespaar, Sport und Entspannung und die Hausarbeit.

In eine weitere Spalte schreiben Sie, was Sie erledigen wollen. Hier stehen Ihre Hobbys, Ihre Freunde und Ihre eigenen Bedürfnisse, wie Bücher lesen oder ähnliches.

In die dritte Spalte kommen alle Aufgaben, die Sie nicht selbst erledigen müssen. Beginnen Sie nachzudenken. Wenn Sie sich jemanden leisten können, der Ihren Haushalt übernimmt, dann zögern Sie nicht. Zeit ist wichtiger als eine Fernreise. Wenn Ihnen jemand den Einkauf abnehmen kann, sollten Sie das Angebot annehmen. Lebensmittel im Internet zu bestellen ist zwar manchmal ein paar Euro teurer, spart aber Monat für Monat wertvolle Zeit, die Sie viel besser mit sich und mit Ihrem Kind verbringen können.

Je besser Sie delegieren können, umso mehr Zeit bleibt Ihnen, die schönen Seiten des Lebens zu genießen. Jeder entscheidet selbst darüber, wie glücklich er ist. Wenn Sie sich damit abgefunden haben, keine Freizeit und keine Ruhe zu bekommen, wird es auch genau so verlaufen. Schließlich erwarten Sie es nicht anders. Nehmen Sie Ihr Leben in die Hand. Überdenken Sie auch unkonventionelle Lösungen, die Ihnen vielleicht Missachtung der Gesellschaft einbringen könnten. Dazu gehören:

- Umsteigen auf eine Teilzeitstelle
- Ehrenämter vorübergehend aussetzen
- Überstunden und Wochenendarbeit verweigern
- Die Verantwortung für die eigenen Eltern auf einen Pflegedienst übertragen
- Eine schlechte Beziehung beenden
- Schlechte Gewohnheiten aufgeben
- Sparsamer leben und dafür weniger arbeiten
- Sich von falschen Freunden trennen
- Facebook und Co. abmelden
- Den Fernseher abschaffen
- Eine Beratungsstelle aufsuchen
- Eine Kur beantragen

- In eine kleinere Wohnung umziehen, um das Haus mit Garten nicht mehr pflegen zu müssen etc.

Auch starke Kinder brauchen Grenzen

Eltern von gefühlsstarken Kindern plagt häufig ein schlechtes Gewissen. Im normalen Alltag handeln sie von Zeit zu Zeit anders als sie es sich vorgenommen haben. Der alltägliche Stress und eine langanhaltende Überlastung machen die besten Vorsätze schnell zunichte.

Wer sich regelmäßig fragt, ob er seinem Kind gerecht wird, zweifelt an sich selbst. Oft sind klassische Erziehungsfehler die Folge. Am Wochenende darf das Kind dann alles, was die Eltern eigentlich nicht für gut halten.

Schlechtes Gewissen bringt viele Eltern dazu, die gesetzten Grenzen ständig aufzuweichen. So wird die Ausnahme für das Kind zur Regel. Das gilt nicht nur für Eltern von gefühlsstarken Kindern. Alle Eltern, die den Spagat zwischen Job, persönlichen Bedürfnissen und Elternschaft mehr oder weniger hart zu spüren bekommen, agieren regelmäßig inkonsequent. Die

Folgen für das Kind, das einzelne Elternteil und für die Familie sind zahlreich und allesamt bedenklich.

Mögliche Folgen für das Kind sind:

- Fehlende Orientierung
- Fehlende Respektperson
- Fehlende Sicherheit
- Erziehung zur Abhängigkeit

Mögliche Folgen für die Eltern sind:

- Stress
- Leiden unter Inkonsequenz
- Fehlender Respekt vom Kind
- Schlechtes Gewissen

Mögliche Folgen für die Familie sind:

- Verlust von sozialen Kontakten

- Streit um die Erziehung
- Eifersucht und Neid unter Geschwisterkindern

Die Härte, die Eltern aufbringen müssen, um ihrem Kind eine sinnvolle Erziehung zu schenken, ist sehr groß. Der Beste Weg ist, Sie entwickeln gemeinsam als Eltern Grenzen. Das gilt auch für Eltern, die getrennt leben. Diese Grenzen werden Sie zusammen einhalten. Erlauben Sie dem Kind nicht, eine dieser Grenzen aufzuweichen.

Konsequenz in der Erziehung fällt Ihnen leichter, wenn sie als Erwachsene am gleichen Strang ziehen. Bleiben Sie in einer positiven Kommunikation. Stärken Sie sich und verzichten Sie auf gegenseitige Vorwürfe. Wenn der eine schwächelt, kann der andere dafür einstehen, dass die Grenzen eingehalten werden. Buhlen Sie nicht darum, wer vom Kind als netter oder lieber empfunden wird. Eltern sind weder die Kumpels noch die Spielgefährten ihrer Kinder. Sie sind die Eltern. Damit kommt ihnen eine sehr wichtige Rolle im Leben der Kinder zu. Die Ergebnisse Ihrer Erziehung bestimmen neben anderen Faktoren, wie gut oder schlecht Ihr Kind später sein eigenes Leben meistern kann.

Ihre Konsequenz und Ihre Grenzen entscheiden über die sozialen Kompetenzen und die Verträglichkeit Ihres Kindes. Machen Sie sich das bewusst, wenn das Kind die Türen knallt und brüllt: „Doofe Mama, ich hasse dich!"

Medien und Co. - muss das wirklich sein?

Digitale Medien sind aus unserem Alltag nicht mehr wegzudenken. Jeder weiß um die Gefahren für die kindliche Entwicklung. Viele Medien stellen eine permanente Reizüberflutung dar. Außerdem sind die Stunden vor dem Monitor verlorene Zeit. Gerade gefühlsstarke Kinder sollten die Möglichkeit erhalten, sich körperlich viel zu bewegen.

Die negativen Folgen, die erhöhte Bildschirmzeit verursachen können, sind:

- Konzentrationsstörungen
- Aggressionen
- Sprachschwierigkeiten
- Soziale Isolation

Die positiven Folgen sind eher kurzfristig. Das Kind ist zufrieden und die Eltern haben ihre Ruhe. Der Medienkonsum eines Kindes beträgt aktuell in Deutschland mehrere Stunden pro Tag im Durchschnitt. Es gibt Kinder, die schon vor der Schule ihre Milchschnitte mit einem Videospiel als Frühstück verzehren. Das ist in keiner Weise kindgerecht. Auch das Alibi, dass es alle so machen, zählt hier nicht. Informieren Sie sich über die Fragen der Medienkompetenz in den verschiedenen Altersstufen. Eine Erziehungsberatung kann hier ebenso helfen wie ein Expertenratgeber aus der Bibliothek. Setzen Sie Ihre Grenzen für die Mediennutzung fest und teilen Sie dem Kind Ihre Entscheidungen mit. Bleiben Sie stark. Sie haben kein 08/15-Element der Schwarmintelligenz in die Welt gesetzt, sondern einen echten, lebenden und individuellen Menschen. Die Vorteile, die ein Kind hat, dass toben, basteln, malen und träumen darf, sind Medienkindern gegenüber kaum zu toppen. Es lernt schneller, ist zufriedener und unabhängiger.

Wenn Sie Ihr Kind noch klein ist, können Sie sehr leicht die ersten Grundlagen für den Umgang mit

Smartphone, Fernseher und PC legen. Halten Sie die folgenden Richtlinien ein:

1. Niemals einen Bildschirm im Kinderzimmer aufstellen. Stattdessen darf es einen Familienfernseher und einen Familiencomputer geben. So kann ihr Kind sich nicht hinter dem Monitor verkriechen, wenn es Frust, Kummer oder Sorgen hat. Außerdem behalten Sie die Kontrolle, wenn das Kind älter wird. Sie sehen, womit es sich befasst, welche Videos es schaut und welche Fernsehprogramme es auswählt.

2. Feste Zeiträume für die Nutzung von Videospielen, TV etc. festlegen. Kindergartenkinder sollten 30 Minuten nicht überschreiten, bei einem Jugendlichen sind zwei Stunden absolut ausreichend. Fallen Sie nicht auf die Aussage herein, dass das Kind etwas für die Schule recherchieren will. Lassen Sie sich zeigen, woran es gerade arbeitet. Kluge Eltern

lassen das Kind zu schulischen Zwecken in die Stadtbibliothek gehen. Dort kann meist gegen Gebühr das Internet genutzt werden. Allerdings sind Unterhaltungsseiten hier meist gesperrt.

3. Richten Sie Smartphone freie Zonen in Ihrem Zuhause ein. Küche, Esszimmer und Wohnzimmer sollten dazu gehören. Kontakte pflegen kann Ihr Kind in seinem Zimmer. Es muss nicht gechattet werden, wenn die Großeltern zu Besuch sind oder die Familie zusammen isst oder spielt. Gehen Sie hier unbedingt mit gutem Beispiel voran. Eltern, die etwas von ihren Kindern erwarten, was sie selbst nicht einhalten können, verlieren ihre Glaubwürdigkeit. Es fällt den Kindern schwer, sie als Leitlinie und Vorbild zu respektieren, wenn Sie nicht authentisch sind.

Sind Ihre Kinder schon älter, fällt es schwerer, plötzlich neue Regeln aufzustellen. Sprechen Sie mit Ihrem Kind über Ihre Beweggründe. Bitten Sie Ihr Kind, Informationen zum Thema „Medienkompetenz“ zu sammeln. Hier erfolgt die Aufklärung ungefähr so wie bei Alkohol und Drogen. Das Internet ist ein potenzielles Suchtmittel wie jedes andere auch.

Tipps für den Umgang mit der Umgebung

Weiter oben haben Sie gelesen, dass Sie Ihr Kind vor Angriffen von außen verteidigen sollen, um die Einheit zwischen sich und Ihrem Kind zu stärken und darzustellen. Trotzdem werden Eltern mit einem gefühlsstarken Kind immer wieder auf Unverständnis und Kritik in der Umgebung stoßen.

Es gibt unzählige Besserwisser und Klugschwätzer, die Ihr Kind selbstverständlich im Handumdrehen zu einem neuen Menschen machen könnten. Besonders beliebt sind dabei diejenigen, die selbst keine Kinder haben. Vielleicht brauchen Sie eine Affirmation, um besser gegen die Einflüsse von außen gerüstet zu sein. Diese könnte heißen:

Mein Kind ist ein liebenswerter Teil von mir.

Hängen sie diesen Spruch an einen Ort, an dem Sie ihn täglich sehen und er vor Ihrem Kind unbedingt verborgen bleibt. Die Innenseite einer Schranktür im Schlafzimmer könnte ein solcher Ort sein. Vielleicht haben Sie auch ein eigenes Bad, das Ihr Kind nicht benutzt. Diese Affirmation kann Sie resistent gegen fremde, unerwünschte Meinungen machen.

Bezugspersonen sind die wichtigste Komponente der Kindheit

In den 50er Jahren des letzten Jahrhunderts haben zahlreiche Forscher Untersuchungen zum Thema „Kindheit“ angestellt. Der Fachbegriff, über den sie geforscht haben, war „Resilienz. Untersucht wurden Kinder, die aus verschiedenen Gründen nicht auf der Sonnenseite des Lebens zur Welt gekommen waren.

In der heutigen Gesellschaft, in der alles genormt und rational zu sein hat, gehören auch Kinder, die mit einer überdurchschnittlichen emotionalen Stärke ausgestattet sind, zu dieser Gruppe. Resilienz bedeutet, Krisen und Widerstände auszuhalten und sich in der eigenen Entwicklung nicht davon stören zu lassen.

„Es geht im Leben nicht darum, gute Karten zu haben, sondern mit einem schlechten Blatt ein gutes Spiel zu machen.“ (Robert Louis Stevenson)

Die Forschung brachte das Ergebnis hervor, dass eine stabile Bindung an die Bezugsperson die beste Voraussetzung ist, um dem Kind Resilienz zu vermitteln. Ein gefühlsstarkes Kind kann ebenso resilient sein wie jedes andere Kind auch.

Resilienz wird nach dem Ergebnis von anerkannten Langzeitstudien dadurch entwickelt, dass eine feste Bindung zu einer stabilen Bezugsperson aufgebaut wurde. Diese Bezugsperson ist meist die Mutter, in Ausnahmefällen ist es der Vater oder ein anderer Verwandter.

Resiliente Kinder haben Strategien zur Verfügung, mit denen sie auf schwierige Lebenssituationen reagieren können. Besonders ein gefühlsstarkes Kind braucht diese Strategien, denn es steht immer in der Gefahr, auf Ablehnung und Hindernisse auf seinem Lebensweg zu stoßen.

Wenn Sie nach dem Lesen der folgenden Zeilen der Auffassung sind, Ihrem Kind fehlt es an Resilienz, können Sie durch die Faktoren Bindung, Vertrauen und Zuverlässigkeit die Resilienz stärken. Sie ist weder angeboren noch unveränderbar. Die folgenden

Persönlichkeitsmerkmal zeichnen resiliente Menschen aus:

Resiliente Menschen akzeptieren eine Krisensituation und nehmen die damit verbundenen Gefühle wahr

Das bedeutet, sie lassen sich nicht leicht besänftigen und verleugnen auch nicht, dass es ein Problem gibt. Damit gelingt es ihnen in der Regel leichter, nach einer Lösung zu suchen. Scham und Trauer werden offen ausgelebt und nicht verdrängt. Das ist eine wichtige Voraussetzung für die Gesundheit der Seele. Damit können resiliente Menschen ihren eigenen Gefühlen vertrauen, das Selbstvertrauen wird gestärkt. Ein resilientes Kind akzeptiert keine Tabus, wenn es um die Wahrnehmung und die Darstellung der eigenen Gefühle geht.

Resiliente Menschen suchen eigenständig nach Lösungen für Probleme

Sie stecken nicht den Kopf in den Sand und verkriechen sich nicht. Resiliente Menschen krempeln die Ärmel hoch und suchen nach Auswegen aus dem Dilemma, in dem sie sich befinden. Das bewahrt sie davor, sich hilflos zu fühlen. Resiliente Menschen sind sich der Tatsache bewusst, dass Sie die Gestaltung des eigenen Lebens in den eigenen Händen halten und auch selbst verantwortlich sind für alles, was in ihrem Leben geschieht.

Resiliente Menschen suchen sich Hilfe

Resiliente Menschen müssen nicht immer alles selbst und allein schaffen. Sie nutzen Hilfsangebote und Beratungen. Sie haben nicht das Gefühl, ein Versager zu sein, wenn Ihnen etwas nicht gelingt. Sie sind sicher in der Wahl ihrer Kontakte und können sich ein stabiles und förderliches soziales Umfeld aufbauen. In einer

Krise werden resiliente Menschen sich darüber informieren, welche Hilfen es gibt und welche ihnen zustehen. Das bedeutet, dass sie als selbstbewusst und eigenständig wahrgenommen werden. So geraten sie eher an ein Umfeld, dass sie zu fördern und zu unterstützen bereit ist.

Resiliente Menschen fühlen sich nicht machtlos

Die Mentalität eines Opfers ist resilienten Menschen vollkommen fremd. Sie sind nicht bereit, die Macht über Ihr Leben anderen Menschen oder dem Schicksal zu übertragen. Auf diese Weise bleiben sie die Handelnden. Das führt dazu, dass sie die Verantwortung für sich selbst übernehmen und die Macht über sich selbst nicht aus den Händen geben wollen. Sie wissen, dass sie alles verändern können, was sie selbst betrifft. Hier spricht man von der „Selbstwirksamkeit“. Wenn ein Kind resilient ist, wird es sich kaum vor Aufgaben drücken und sein Scheitern selbstkritisch hinterfragen. Es erkennt sein Potential, sich selbst zu verändern und gibt sich Mühe, Fehlverhaltensweisen zu unterlassen.

Resiliente Menschen neigen nicht zu Schuldgefühlen

Ein resilienter Mensch kann zwischen Schuld und Verantwortung unterscheiden. Das spielt vor allem dann eine Rolle, wenn eine Situation eintritt, die ein Kind traumatisieren könnte. Scheidungen oder Trennungen der Eltern sind solche Situationen. Ein resilientes Kind erkennt, dass die Entscheidungen der Eltern nicht seinetwegen getroffen wurden und halten emotional Abstand. So bleiben ihm Schuldgefühle und Gewissensbisse erspart. Damit verfügt es über die notwendige Energie, um die Krise zu bewältigen.

Resiliente Menschen haben Perspektiven

Resiliente Kinder machen sich Gedanken um ihre Zukunft. So können sie Krisen im Vorfeld erspüren und Gegenmaßnahmen einleiten. Diese Eigenschaft gehört zu den Kompetenzen, die ein Mensch hat, der die Verantwortung für sein eigenes Leben bei sich selbst sucht.

Resiliente Menschen verfügen über einen gesunden Optimismus

Resiliente Menschen sind mit einem sonnigen Gemüt ausgestattet. Für sie ist das Glas immer eher halb voll statt halb leer. Das gibt ihnen die Kraft, sich auch in schwierigen Phasen zu entspannen und bei Kräften zu bleiben. Außerdem macht es sie attraktiv und liebenswert.

An der obigen Ausführung lässt sich unschwer erkennen, wie wichtig Resilienz für ein Kind ist. Doch auch Eltern sollten über diese Fähigkeit verfügen. Schließlich sind die einzelnen Kompetenzen wichtig, um an einem gefühlsstarken Kind nicht zu verzweifeln. Wenn Sie das Gefühl haben, sie können an Ihrer eigenen Resilienz noch arbeiten, können Sie zwei wichtige Maßnahmen einleiten, um Ihre Resilienz nachträglich zu stärken.

1. Suchen Sie sich eine Bezugsperson

Wenn Sie einen Partner haben, achten Sie darauf, Ihre Beziehung zu pflegen. Leben Sie nicht nebeneinander her. Zerreiben Sie Ihre Beziehung nicht zwischen Job und Kind. Nehmen Sie sich Auszeiten zu zweit und achten Sie darauf, ungestörte Zeit zusammen zu verbringen. Sie werden sowohl jeder für sich als auch als Paar und als Eltern davon profitieren.

2. Stärken sie Ihren Optimismus

Achten Sie darauf, nicht den Blick für das Schöne und Gute im Leben zu verlieren. Führen Sie ein „Optimismus-Tagebuch". Notieren Sie hier jeden Tag, was Ihnen gut gelungen ist. Notieren Sie auch, wo Ihnen Ihr Kind Freude gemacht hat. Außerdem sollten Sie in diesem Tagebuch alles festhalten, was sich zum Positiven verändert hat. Machen Sie sich so bewusst, dass Sie sich in einem Prozess befinden, der immer besser verläuft. Schreiben Sie zu Beginn der Eintragung täglich die folgende Affirmation oben auf die Seite:

„Mein Leben gestalte ich mit jedem Tag um einen einzigen Schritt besser."

Der Geheimbund zwischen Eltern und Kindern

Es gibt etwas zwischen Eltern und Kindern, das anderen Menschen verborgen bleibt. Eine Art von Geheimbund besteht zwischen Ihnen und Ihrem Kind. Dieser geheime Bund kommt zustande, wenn Sie gemeinsame Rituale entwickeln und Leben. Dazu gehören die Geschichten, die Sie vor dem Schlafen vorlesen. Auch gemeinsame Familienfeiern sind solche Rituale. Sie können als Eltern aber noch mehr Bindung über Rituale aufbauen. Jede Form von Regelmäßigkeit, die Sie gemeinsam mit Ihrem Kind erleben, stärkt die Bindung und garantiert, dass andere Personen außen vor bleiben. Das ist wichtig für das Vertrauen zwischen Eltern und Kindern. Rituale bieten Rückzugsorte, an die sich Eltern mit ihren Kindern geschützt aufhalten können, ohne von Impulsen aus der Umgebung gestört zu werden.

Höflichkeit kann auch Feigheit sein

Wenn sich fremde Personen wie Nachbarn, Schwiegermütter oder Freunde und Kollegen immer wieder in Ihre Erziehung einmischen wollen, sprechen Sie klare Worte. Stellen Sie klar, dass Sie keine Einmischungen wünschen. Ganz wichtig ist hier, dass Sie sich nicht rechtfertigen. Erklären Sie nichts und machen Sie keine Vorwürfe. „Bitte halte dich aus meiner Erziehung raus“ ist der passende Satz. Mehr braucht es nicht zu sein.

Wort richten viel Schaden an. Kennen Sie im Zusammenhang mit Ihrem Kind Worte wie „schwierige Kinder“? „Gestört“ oder „verzogen“ werden auch gern verwendet. Seien Sie sorgfältig in Ihrer Wortwahl. Viele Eltern merken gar nicht, wie sehr sie Ihre Kinder verletzten, wenn sie über Ihre Eigenheiten sprechen. „Mein Kind ist ein bisschen anders“ ist genauso wenig geeignet, Ihrem Kind den Rücken zu stärken wie „Er hat halt so seine Marotten“.

Tipps für den Alltag mit einem gefühlsstarken Kind

Der Alltag mit einem gefühlsstarken Kind ist nichts Besonderes. Sind Sie enttäuscht, wenn Sie diesen Satz lesen? Dann überdenken Sie Ihre Haltung zu sich selbst. Jedes Kind hat seine Schattenseiten und seine Stärke. Elternschaft ist immer eine Aufgabe, die Ihnen viel abverlangt. Wenn das anders ist, kommen die Kinder zu kurz. Das sogenannte pflegeleichte Kind ist vielleicht tief in seiner Seele schon frustriert und hat es aufgegeben, sich an seine Eltern zu wenden, wenn es ein Bedürfnis hat. Sie sehen die anderen Kinder nicht vollkommen, denn auch andere Eltern haben einen Geheimbund mit ihren Kindern. Tipps für den Alltag mit einem gefühlsstarken Kind

Sind also nicht anders zu verstehen als Tipps für ein Leben mit Kindern allgemein. Machen Sie Ihr Kind nicht zu einem Opfer oder zu einer Krankheit, weil es nicht einem Bilderbuch oder einer Fernsehserie entsprungen ist, sondern Ihnen.

Zusammenleben heißt nicht, zusammen funktionieren

Heute muss alles und jeder funktionieren. Mit Menschen geht das einfach nicht. Sie wollen zusammen den Alltag und die freie Zeit genießen. Dafür brauchen Sie Rituale und Regeln. Diese Rituale und Regeln sollten nach den folgenden Bedingungen aufgestellt sein, damit sie wirken können.

- Rituale und regeln sind nur sinnvoll, wenn die Eltern ihre Einhaltung garantieren können.
- Rituale und Regeln müssen zur Leistungsfähigkeit der einzelnen Familienmitglieder passen.
- Rituale und Regeln bleiben von Dritten unberührt.
- Rituale und Regeln sind für alle gleichermaßen gültig.
- Rituale und Regeln sollen die Stärken der einzelnen Personen betonen, nicht an ihren Schwächen orientiert sein.

Darüber hinaus sind Eltern bestens beraten, wenn sie auch mal wegschauen und lächeln können. Natürlich kann eine Schüssel mit Kuchenteig auf den Boden fallen. Selbstverständlich kann eine Blumenvase umgestoßen werden. Nehmen Sie die kleinen Tücken des Alltags mit Humor. Erwachsene sind auch nicht perfekt. Manche Erwachsene können sogar ihren eigenen Kindern das Leben ruinieren. Sie zerstören ihre Gesundheit durch Alkohol und Nikotin und verursachen Verkehrsunfälle. Also bitte, was verlangen Sie von einem Kind? Ein toller Tipp, der für mehr Entspannung sorgt, ist, die kleinen Pannen zu fotografieren. Erstellen Sie jedes Jahr eine neue Collage: *Unsere witzigsten Familienpannen.* Das lässt Sie das, was Sie nicht ändern können, mit Humor ertragen.

Entspannung ist für alle wichtig

Planen Sie regelmäßige Entspannungspausen für jeden aus der Familie ein. Fernsehen oder Essen sind keine Entspannungsmöglichkeiten. Wenn Sie sich durchringen können, einen Kurs zu besuchen und auch Ihrem Kind zu ermöglichen, beispielsweise autogenes Training oder Kinderyoga zu lernen, wird die ganze Familie davon profitieren. Doch machen Sie nicht den gleichen Fehler wie die meisten Eltern von gefühlsstarken Kindern. Sie reden oft nur darüber und unternehmen nichts.

Starke Kinder profitieren von Geschwistern

Viele Eltern, die bereits ein gefühlsstarkes Kind haben, scheuen davor zurück, ein zweites Kind in die Welt zu setzen. Doch die Wahrscheinlichkeit, dass ein weiteres Kind dem ersten gleicht, ist sehr gering. Experten gehen davon aus, dass jedes Kind sich seine eigene Nische sucht. Ist die Nische „gefühlsstark“ schon besetzt, wird das zweite Kind wahrscheinlich andere Eigenschaften ausprägen, mit denen es die Eltern beeindrucken kann. Außerdem helfen Geschwister dabei, soziale Kompetenzen zu entwickeln und sind ein zusätzlicher Faktor für die Geborgenheit und die Wärme in einer Familie. Selbstverständlich können auch Einzelkinder glücklich sein. Doch wer mit Geschwistern aufwächst, erlebt eine weitere Komponente in seiner Kindheit, die durch Schulkameraden und Freunde nicht ersetzt werden kann. Trauen Sie sich, manchmal sind zwei Kinder leichter zu händeln als ein Kind, dass gewohnt ist, die gesamte Aufmerksamkeit seiner Eltern für sich allein zu haben. Außerdem bieten Geschwister eine hervorragende Übungsmöglichkeit für soziale Kompetenzen. Vieles, was große Brüder oder Schwestern vermitteln können, entgeht Eltern völlig. Fairness, Kompromisse und Gleichberechtigung sind im Kinderzimmer besser zu lernen als mit den Eltern. Auch die Kumpels aus dem Kindergarten oder der Schule reichen hier nicht aus. Schließlich muss man mit ihnen nicht den Abend verbringen und die Nacht unter einem Dach schlafen. Wenn Kumpels keinen Spaß mehr machen, schickt man sie einfach weg. Mit Geschwistern geht das nicht, Geschwister müssen ausgehalten werden.

Elternschaft als Jobsharing

Jedes Kind hat einen Vater und eine Mutter. Die Ausnahmen, bei denen ein Elternteil keinen Kontakt zum Kind hat oder nicht mehr lebt, sind zum Glück eher selten. Die Natur hat das wahrscheinlich so eingerichtet, damit jeder der beiden Elternteile auch mal Pause hat. Teilen Sie sich den Job fair auf. Entscheiden Sie, wer was mit dem Kind erledigt. Einer kann die Arztbesuche übernehmen, der andere die Elternabende. Papa geht mit dem Kind schwimmen, Mama bringt ihm bei, mit dem Rad sicher zu fahren. Vertrauen Sie sich gegenseitig und nehmen Sie sich ruhig mal frei, wenn der andere eine Elternaufgabe erfüllt. So kommen Sie besser zu den notwendigen Entspannungspausen. Sie können auch einmal pro Woche eine Zeit für die Mutter und eine andere für den Vater reservieren. Gönnen Sie sich eine Auszeit, während Ihr Partner mit dem Kind beschäftigt ist. Machen Sie aber nicht den Fehler, in dieser Zeit ungestört die Garage auszuräumen oder die Wäsche zu bügeln. Wenn es Ihnen finanziell möglich ist, können

Sie auch eine dritte Person hinzuziehen. Ein zuverlässiger Babysitter ermöglicht den Eltern, gemeinsam Zeit zu verbringen. Vielleicht finden Sie ein anderes Paar, mit dem Sie sich bei der Kinderbetreuung abwechseln können. So haben alle etwas davon. Die Kinder haben Kontakt zu anderen Kindern und die Eltern haben immerhin abwechselnd eine Auszeit.

Allein mit einem emotional anspruchsvollen Kind

Wenn Sie Ihr Kind allein erziehen, brauchen Sie einen Verbündeten. Scheuen Sie sich nicht, entweder eine weitere Betreuungsperson hinzuzuziehen, die Ihnen Ihr Kind regelmäßig abnehmen kann, oder sich an eine Beratungsstelle zu wenden. Auch Selbsthilfegruppen und Elternkreise entlasten Sie. Vermeiden Sie den Fehler, für Ihr Kind gleichzeitig Vater und Mutter sein zu wollen. Geben Sie Ihrem Kind das, was Sie können, aber überfordern Sie sich nicht. Zeigen Sie auch offen, wenn Sie sich allein fühlen. Sie müssen nicht immer stark sein, weil Sie ein gefühlsstarkes Kind haben. Gehen Sie nicht in die Opferhaltung. Hier liegt das größte Risiko. Wenn sie beginnen, sich als Opfer des Schicksals zu fühlen, muss Ihr Kind sich völlig fehl am Platze vorkommen. Kein Kind will eine Strafe sein. Unterscheiden Sie, ob ihr Kind zu denen gehört, von denen wir in diesem Buch sprechen, oder ob es das Trotzalter noch nicht überwunden hat. Besonders, wenn Kinder die Schwächen ihrer Eltern fühlen, versuchen sie gern, sie zu manipulieren. Elternschaft allein ist besonders problematisch, weil man niemanden hat, der den Rücken stärkt. Bleiben Sie optimistisch. Vor allen Dingen bleiben Sie in all Ihren Entscheidungen konsequent. Versuchen Sie nicht, ein neues Elternteil für Ihr Kind zu finden. Suchen Sie einen Partner für sich. Ihrem Kind fehlt nichts, auch nicht eine „heile Familie“. Keine Familie ist heil. Familien sind Systeme mit Stärken und Schwächen. Ihr Kind braucht eine Bezugsperson. Die hat es in Ihnen. Halten Sie Ihr Beziehungsleben aus Ihrer Elternschaft heraus. Es sind zwei getrennte Bereiche. Sie können auch mit einem gefühlsstarken Kind einen Partner finden. Es muss nicht gleich die große Liebe zwischen den beiden sein. Sorgen sie dafür, dass beide sich gegenseitig akzeptieren. Ein Partner, der Ihr Kind ablehnt, lehnt einen Teil von Ihnen ab, vergessen Sie das nicht. Damit das nicht geschieht, müssen Sie aber auch bereit sein, sich zu zeigen. Präsentieren Sie dem neuen Lieblingsmenschen nicht Ihre mütterlichen oder väterlichen Anteile. Die sind in der Beziehung zwischen zwei Erwachsenen nicht gefordert.

Die Auswirkungen programmierter Gefühle

In der Mitte des Lebens verändern die meisten Menschen ihren Blick auf die Welt und auf sich selbst. Sie beginnen, ihre bisherigen Lebensentscheidungen zu hinterfragen. Wir modernen Menschen nennen diese Phase die Midlife-Crisis. Abgesehen von körperlichen Veränderungen, denen sich Männer und Frauen stellen müssen, kommt auch die Seele in Bewegung. Manche wollen wieder zurück in ihre Teenagerzeit, andere fragen sich frustriert nach dem Sinn ihres Lebens. Glückliche Schürzenjäger werden plötzlich treue Familienmenschen und Familienmenschen werfen alles hin und wandern aus. Es gibt noch viel mehr Beispiele, sie sind nicht vorhersehbar und die Umgebung reagiert meist geschockt oder zumindest irritiert. Wenn man die Betroffenen fragt, woher die plötzlichen Veränderungen kommen, greifen sie oft auf ihre Kindheit zurück. Sie erzählen, dass sie vorher nicht den Mut hatten, sie selbst zu sein. Oder sie sprechen von der Unterdrückung ihrer Bedürfnisse im familiären Kontext. In der Mitte des Lebens begreifen Menschen, dass sie sterblich sind. Viele setzen dann alles auf eine Karte: Auf ihre wahre Natur.

Verlust von Persönlichkeit

Wenn wir davon ausgehen, dass die Gefühle eines Menschen seine Persönlichkeit ausmachen, dann ist die Unterdrückung von Gefühlen gleichzusetzen mit der Unterdrückung seiner Persönlichkeit. Ein Kind lernt sich selbst über seine Gefühle kennen. Nicht jeder Mensch reagiert in den gleichen Situationen zornig oder erfreut. Auch Trauer, Scham und Angst sind weitestgehend individuell. Was dem einen die Schamesröte ins Gesicht treibt, sieht der andere ganz gelassen. Was bei einer Person dafür sorgen kann, dass sie an die Decke geht, wird von einer anderen gar nicht wahrgenommen. Unsere Individualität macht unser Leben spannend und reichhaltig. Wir Erwachsenen zeigen unseren Kindern auf, welche Gefühle sie erleben. Wir sagen ihnen, was in ihnen vorgeht, wenn ihnen plötzlich das Wasser in die Augen schießt. Wir erklären ihnen, dass ihre geballten Fäuste ein Zeichen von Wut sind. Wir müssen ihnen auch zeigen, wie unsere Sozialisation den Gefühlen Ausdruck verleiht. Eltern bringen ihrem Kind bei, was es mit den geballten

Fäusten tun soll und was nicht. Die meisten Eltern sagen „Sei nicht wütend." Das heißt: „Sei nicht du." Sie müssen dem Kind erklären, dass es die Fäuste nicht gegen Menschen einsetzen darf. Lassen sie ein jüngeres Kind doch auf den Fußboden trommeln. Wo ist das Problem? Schicken Sie es zum Wüten in den Garten. Erlauben Sie Wut und alle anderen Gefühle. Er gehört zu den Aufgaben der Erwachsenen, Kindern den Umgang mit Gefühlen zu vermitteln. Manchmal sind es gar nicht die starken Gefühle der Kinder, die eine problematische Situation schaffen. Manchmal ist es nur einfach so, dass die Erwachsenen keine Lust oder keine Zeit haben, ihr Kind auf das Leben vorzubereiten. Dann werden Beruhigungsmittel gegeben und das Kind muss zur Therapie, die auch nichts bewirkt. Logisch, es ist ja nicht krank, es ist lebendig. Jedes gesunde Kind fordert die Erwachsenen heraus, das ist der Lauf der Dinge. Unsere gesamte Gesellschaft muss sich fragen, ob wir uns Kinder noch leisten können, wenn die Erwachsenen einen strengen Plan verfolgen, bei dem für Elternschaft schlicht keine Zeit mehr bleibt. Wie gut werden Kinder sich entwickeln, wenn sie lernen, ihre Gefühle zu verdrängen?

Verlust von Selbstvertrauen

Gefühle sind Hinweise darauf, was gerade mit einem Menschen geschieht. Wird er traurig, hat es eine unerwartete Störung gegeben. Spürt er Freude, läuft für ihn alles gut. Fühlt er Wut, muss er sich verteidigen und seine Scham führt dazu, dass er sein Verhalten abstellt oder verändert. Wer sich auf seine Gefühle verlassen kann, kann sich auf sich selbst verlassen. Gefühle sind wie Signale. Erwachsene zeigen den Kindern, wie sie die Signale interpretieren können. Wer keine Signale mehr von innen bekommt, steht ohne Orientierung im Leben. Er weiß nicht, wie er auf seine Erlebnisse reagieren soll. Er kann nicht einordnen, was er erlebt. Damit bleibt er sich selbst fremd. Es gelingt ihm nicht, sich selbst zu vertrauen. Unsere Gefühle sind wie ein Blindenhund für einen Menschen ohne Augenlicht. Wir brauchen sie, um unsere Wege zu finden. Unsere Gefühle zeigen uns auf, wo Umwege und Sackgassen auf uns warten. Ohne Gefühle sind wir hilflos wie ein Blinder ohne seinen Hund.

Psychosomatische Erkrankungen

Psychosomatische Erkrankungen wurde lange Zeit als Kleinigkeiten abgetan. Heute weiß jeder, dass die Seele durchaus den Anstoß für eine schwere körperliche Erkrankung geben kann. So kann dauerhafte Verzweiflung oder Einsamkeit zu einer Schwächung des Immunsystems führen. Unterdrückte Wut wird von manchen Experten als Ursache für Gallen- und Nierenprobleme gesehen. Auch die Autoimmunerkrankungen sind eine wütende Attacke gegen die eigene Gesundheit. Der Volksmund kennt viele Redewendungen.

- Ich kann das nicht mehr schlucken.
- Mir kommt die Galle hoch.
- Das schlägt mir auf den Magen.

Hier wird Zorn im Innern verarbeitet. Das gelingt nicht, denn er bleibt als Ballast erhalten. Die Wut muss raus. Wie und wohin? Hierfür finden sich Möglichkeiten. Diese müssen allerdings auch real bestehen. Ein Männerwochenende in den Sommerferien oder ein

Kampfsportwochenende reichen nicht aus. Kinder brauchen ausreichend Raum und Gelegenheit, ihre Wut loszuwerden. Diesen Raum brauchen sie, wenn sie ihn nötig haben. Nicht nur in den Ferien, am Wochenende oder nach Feierabend. Gefühle sind nicht planbar. Sie dürfen auch nicht abgewertet werden, nur weil sie gerade nicht in den Stundenplan passen. Gefühle ermöglichen den Bezug zur Realität, zur Gegenwart. Kinder lernen, diese Realität zu verstehen. Nur so haben sie die Chance auf ein gesundes Leben als Erwachsene.

Schlusswort

Liebe Leserin, lieber Leser,

vielen Dank, dass Sie sich Zeit für dieses Buch genommen haben. Sicher werden Sie in Zukunft etwas gnädiger mit Ihrem anspruchsvollen, lebendigen, wunderbaren Kind umgehen. Viel Freude an seiner Entwicklung und ein gutes Gelingen für seinen Werdegang wünsche ich Ihnen jedenfalls von ganzem Herzen.

Urheberrechte

Printed in Poland
by Amazon Fulfillment
Poland Sp. z o.o., Wrocław

31205498R00063